Contraste insuffisant
NF Z 43-120-14

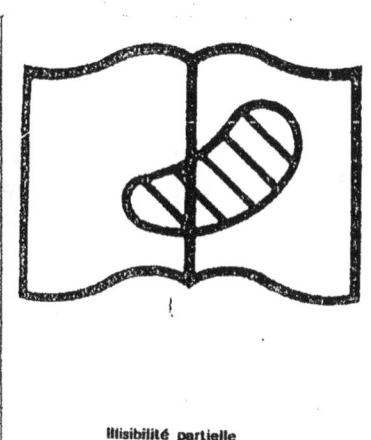

Illisibilité partielle

Valable pour tout ou partie
du document reproduit

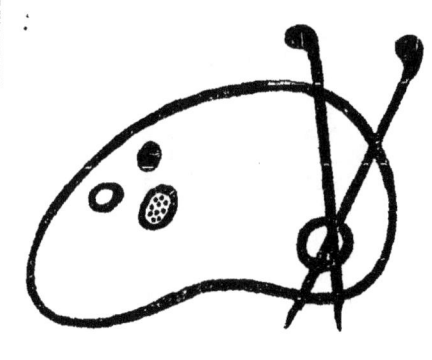

Original en couleur
NF Z 43-120-8

NOTICE
DE
QUELQUES LIVRES
DES PREMIERS IMPRIMEURS DE LIMOGES

PAR

G. CLÉMENT-SIMON

LIMOGES
IMPRIMERIE-LIBRAIRIE LIMOUSINE
7, RUE DES ARÈNES, 7
1895

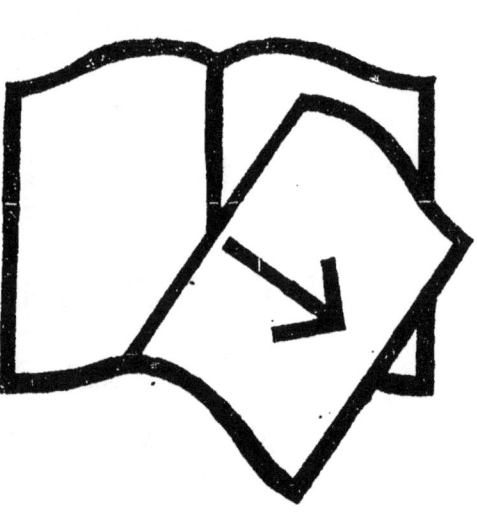
Couverture inférieure manquante

A monsieur Léopold Delisle
membre de l'Institut
Hommage de l'auteur
G. Ot. [signature]

NOTICE
DE QUELQUES LIVRES
des premiers imprimeurs de Limoges

TIRÉ A CINQUANTE EXEMPLAIRES

N°

(Extrait du *Bibliophile limousin*, n°˟ 2 et 3 de 1895)

NOTICE

DE

QUELQUES LIVRES

DES PREMIERS IMPRIMEURS DE LIMOGES

PAR

G. CLÉMENT-SIMON

LIMOGES
IMPRIMERIE-LIBRAIRIE LIMOUSINE
Vᵉ H. DUCOURTIEUX
7, RUE DES ARÈNES, 7
1895

NOTICE
DE QUELQUES LIVRES
des premiers imprimeurs de Limoges

Nous avons d'estimables travaux sur les origines de l'imprimerie à Limoges. Au xviiie siècle, les trois savants ecclésiastiques qui consacrèrent leurs veilles à l'étude de notre histoire provinciale, Nadaud, Legros et Vitrac, sans porter spécialement leur attention de ce côté, nous ont laissé quelques renseignements qui suffisaient à montrer combien le sujet méritait d'être approfondi. M. Poyet a ouvert la voie, en 1862, par son *Essai de bibliographie limousine* (1), dans lequel il a résumé avec sagacité les notions connues jusqu'à lui, en y ajoutant ses découvertes personnelles. Depuis, MM. Paul Ducourtieux, Fray-Fournier, Louis Guibert, Claudin (2), ont apporté de nouveaux et précieux matériaux. La mine est plus riche qu'on ne le pensait. Elle est loin d'être épuisée.

Cette primitive imprimerie limousine excite à juste titre l'intérêt par l'ancienneté de ses produits, leurs qualités

---

(1) Limoges, 1862. In-8º de 68 pages.
(2) *Les manuscrits et imprimés à l'Exposition de Limoges de 1886*, par M. Paul Ducourtieux ; Limoges, 1888. — *Les Marques typographiques des imprimeurs de Limoges*, par le même ; Limoges, 1890. — *Le Bréviaire de Saint Martial de Limoges de 1520*, par M. Fray-Fournier ; dans le *Bibliophile limousin*, nº de février 1893. — *Les premiers imprimeurs de Limoges*, par M. Louis Guibert ; Limoges, 1893. — *L'Imprimeur Claude Garnier et ses pérégrinations*, par M. A. Claudin ; Limoges, 1894. — *Les origines de l'imprimerie à Auch*, par le même ; Paris, 1894.

d'exécution et plus encore, peut-être, par l'attachante physionomie des artisans de son berceau. Limoges s'honore de compter au nombre des trente-six ou trente-sept villes de France initiées à l'art de Gutenberg dans le siècle même de sa naissance et parmi cette élite elle ne marche pas la dernière. Ce Limousin si arriéré précéda sur ce point Bordeaux, Marseille, Lille, Nancy et autres grands centres. Marseille va, dans quelques mois, célébrer avec éclat le 300ᵉ anniversaire de l'établissement de l'imprimerie dans ses murs. L'antique Phocée fut en retard de cent ans tout juste sur Limoges.

On annonce également qu'en juin de cette année, la Société archéologique et historique du Limousin, devancière et modèle des autres Sociétés de la région, se propose de fêter par une exposition bibliographique le cinquantenaire de sa fondation. Ce projet est bienvenu et la province entière, avec sympathie et gratitude, voudra concourir à ces noces d'or dont l'heureuse échéance arrive le 26 décembre prochain. Mais le 400ᵉ anniversaire de l'apparition du premier livre imprimé à Limoges s'accomplira le 21 janvier suivant. Ces dates si rapprochées invitent à confondre deux fêtes commémoratives. Ainsi réunies, elles comporteraient une solennité et une extension plus considérables. La ville de Limoges est admirablement dotée pour une grande exposition provinciale du livre et de tous les arts graphiques. Ses célèbres scribes du moyen âge dont les manuscrits sont l'orgueil de la Bibliothèque nationale, sa lignée d'habiles imprimeurs non interrompue durant quatre siècles, ses ouvriers du dessin et du papier, sa situation topographique, le développement et les progrès croissants de sa population et de ses industries qui lui assignent un rang de capitale dans la France centrale, justifieraient une telle manifestation en rapport avec ses traditions et son avenir. Ce serait, sur ce terrain favorable, une manière d'inaugurer cette décentralisation que d'excellents esprits rêvent de réaliser par les lois, mais qui s'imposerait plus sûrement par les faits.

Qu'on pardonne cette digression de début qui n'est point ici trop déplacée. Les premiers imprimeurs de Limoges recevraient ainsi un plus grand lustre dont ils ne sont point indignes. Je prise beaucoup, je l'avoue, ces propagateurs de l'invention naissante qui, plus qu'aucune autre, plus que toutes les autres ensemble, peut-être, a ouvert les horizons de l'humanité. Ce ne sont pas, en général, de vulgaires industriels, mais des esprits cultivés, des humanistes, des croyants épris de leur art, d'une généreuse audace, plus soucieux d'honneur que de lucre. Sans rappeler à propos d'eux les vers d'Horace, il leur fallut aussi un cœur d'airain pour s'engager, hardis pionniers, sur ce champ à peine exploré, semé déjà d'insuccès, de périls et de persécutions. On n'en nomme aucun qui ait acquis l'opulence, on en connaît qui encoururent la ruine, la prison et la mort. Les premiers imprimeurs de Limoges, les Berton, les La Nouaille, les Garnier étaient de cette trempe. Jean Berton fut un grand artiste, Paul Berton subit les rigueurs de la justice criminelle, le « preux Richard de la Nouaille », comme le qualifie un auteur qui avait éprouvé son courage et son désintéressement, imprimait « pour amour du latin », osa le premier s'aventurer hors du domaine des ouvrages liturgiques et transmit à ses enfants son goût pour les lettres profanes et la perfection des textes (1); les pérégrinations de Claude Garnier ressemblent à un apostolat. Pour tous ceux que l'amour des livres a charmés et consolés, ces temps héroïques (je n'ose dire évangéliques) de l'imprimerie ont quelque chose de vénérable et de sacré.

Le renom de ces vaillants initiateurs est en bonnes mains. Un bibliophile des plus autorisés mettra prochainement en relief le mérite artistique de Jean Berton, reconstituera plus complètement l'œuvre des La Nouaille et de Garnier; les recherches si heureusement entreprises par les écrivains très compétents déjà cités seront continuées et éclaireront mieux encore la carrière professionnelle, le caractère, l'état de vie de ces bons ouvriers de la première heure. Mon but est beaucoup plus modeste. Je fournis une pierre au monument qui s'élève par leurs soins. L'heur qui m'est advenu de recueillir quelques épaves de la vieille imprimerie limousine, parmi lesquelles plusieurs pièces inconnues, d'autres non encore décrites *de visu*, me fait une sorte de devoir de ne pas laisser ce peu de lumière sous le boisseau. Voici mon faible contingent :

(1) V. *Essai de bibliographie limousine*, p. 33.

PEROTTI. *Grammaire*. Limoges, Richard de la Nouaille, 1522, v. s. In-8°.

Grammatica Nicolai Perotti cum || *textu Iodoci Badii Ascensii et cum* || *eiusdem expositione suis locis cum* || *solitis additamentis inserta. Necnon cum* || *ipsius Badii textu regiminis et expositio-* || *ne de novo superadditis. Et octo principiis* || *grammaticalibus.*

Belle marque de Richard de la Nouaille avec son nom au dessous. — Au verso du dernier feuillet :

Nicolai Perotti opusculum rudimento || *rum grammatices : et artis metrice eiusdem* || *ceterorumque in titulo libri posito diligen-* || *ter recognitum. Explicit feliciter. Impres-* || *sum lemovicensem. per Magistrum Richar* || *dum de la Nouaille. Anno domini Millesimo* || *quingentesimo. xxii. die vero. xviii. mensis februarii* (1).

In-8°. Caractères gothiques, à longues lignes. 50 lignes (non compris le titre courant) pour la page pleine en petits caractères. 14 cahiers en quaternions signés A-O, formant 112 feuillets numérotés, sauf les trois derniers.

Impression très nette et très correcte tant pour les gros caractères affectés aux règles que pour les petits réservés aux explications. Ceux-ci, sur une justification de 88 millimètres, contiennent une moyenne de 63 lettres à la ligne.

Ce livre est connu, puisqu'il a été annoncé deux fois dans les *Archives du bibliophile* de M. Claudin en 1858 et 1859, mais n'avait pas été décrit en détail. Le catalogue de 1859 lui assigne par erreur la date de 1512. C'est l'exemplaire de M. Claudin qui est entré dans ma bibliothèque. Ce savant libraire avait joint à son annonce un fac-similé de la page de titre revêtue de la marque de Richard de la Nouaille. Grâce à son obligeance, nous le reproduisons ci-contre.

La plus ancienne production connue de Richard de la Nouaille est un *Manuale curatorum ad usum Engolismensem*,

---

(1) Pour cet ouvrage comme pour les suivants, il est suppléé aux abréviations du texte. — La grammaire latine de Nicolas Perotti, prélat et philologue italien, fut imprimée pour la première fois à Rome en 1473, in-folio.

Rammatica Nicolai Perotti cuz tertu Jodoci Badij Ascesij Et cuz eiusdem expositione suis locis cum solitis additamentis inserta. Necnon cuz ipsius Badij tertu regiminis et expositione de nouo superadditis. Et octo principijs grammaticalibus.

RICHARO DE LA NOVARIE

1509, conservé à la Bibliothèque Mazarine ; la dernière est le *Declaratio in laudem sacerdotalis ordinis*, de Jean d'Alesme, 1531, cité par Vitrac, *Feuille hebdomadaire de Limoges*, 1776, p. 120, mais dont on n'a aucun exemplaire.

En 1514, Richard de la Nouaille publia un des plus curieux ouvrages qui soient classés dans la réserve de la Bibliothèque nationale. M. Léopold Delisle en a donné la description dans ses *Instructions pour la rédaction d'un inventaire des incunables*, p. 39, n° 114. En voici le titre :

In hoc luctuosissimo : ac flebili opuscu ‖ lo continentur dulces : ac filiales lachri ‖ me illius generosissime atque ut nunc mestis ‖ sime domine Claudie Regis Francorum filie ‖ quibus dicam Annam matrem suam hoc an ‖ no ab humanis semotam deplorat que om ‖ nia miti pietate decorantur (1).

La souscription finale n'ayant pas été reproduite en entier, je la donne ici parce que les parties omises fournissent quelques renseignements sur l'auteur de ce singulier opuscule. Sur le dernier feuillet :

Anno a partu virginis millesimo quin ‖ gentesimo decimo quarto et die XII ju ‖ nii, hoc opus terminatum est. Calcographus fuit probus et humanus vir Antonius Blan ‖ chardi de Gressa cum predicto Richardo ope ‖ rans. Auctor ego Arnaldus Avedelis cogno ‖ mento Sonis, Ioannis et Meliorete viventis fi ‖ lius : manu domini Condomiensis sacerdos ordi ‖ natus : et ne contradictionem in epistolis dicas hoc ‖ muneris ab ipso accepi quum soli minores michi ‖ ordines donavit et me crebro in mensa sua re ‖ cepit : nunquam mi lector sine confessione in hoc ‖ libello operatus sum : nullus nisi spiritus sanctus ad ‖ hoc me impulit : videant principes quod plus quam ‖ christo advocatis credere dixi : et vates vera ‖ dicentes reges non curant : hoc sic esse probare ‖ si velis peti Tholosam : et Burdegalam : parla ‖ menti ut dicunt locum genu flexo adores oportet ‖ quid amplius christo deo facies : o Gallia nu ‖ tricula causidicorum o superbie domicilium : in ‖ prosperum deus omnia ducat : ego in hoc mundo pressuram lubens patiar et pro veritate mori ‖ non extimesco : pareat adulator : vivat veritas. — *Laus Deo.* — *Cum gratia et privilegio.*

(1) Opuscules latins et français, en prose et en vers, ayant trait, principalement à la mort d'Anne de Bretagne.

Deux vignettes ou gravures sur bois à toute page, les deux semblables, représentant l'auteur.

Dans le cours de l'ouvrage, on trouve ces adresses :

Domino Berardo de Dispalia viro humanissimo canonico Lascurrensi Arnaldus Carmelita S. P. D....

Vite integritate et fidei observantia decoratissimis domino suo reverendissimo domino Ioanni Marra Condomio presuli Arnaldus Sonis famulus S. P. D.

In-4°. Cahiers signés A. I. Caractères gothiques à longues lignes. Au verso du dernier feuillet, marque de Richard de la Nouaille. — Bibl. nat., L b 39. 307. Réserve.

L'auteur fait, en outre, cette déclaration en français (à la fin du cahier D) :

« Saches tous, bons liseurs, que ce livre a este compose vivant la souvereine royne de France ; toutesfoys nestoit pas imprime ; car laucteur le avoit perdu avec son argent, et estoit translate au large, tesmoing monsieur de Lauzun, monsieur le vesconte de Pardellan et beaucoup daultres seigneurs, qui ont tenue la dite translation, et laucteur a trouve son originel, non pas celuy quil perdit, par quoy maintenant nest que some concisement et en brief ; car il est povre et ni a homme au monde que pour cela fere unques aie mise main pour luy donner ung denier, excepte messire Pierre de Abbatia licentie en chescun droit vicaire et chanoine de levesche de Tharbe, lequel lestrena dung escu au soleil et monsieur Bosquet, chancelier de Navarre, dune livre. Toutesfoys a laide de Dieu et du preux Richard de la Nouaille, imprimeur et libraire de Limoges, il a fait imprimer le livre sodainement pour amour du latin auquel deves recourir, car il est facile a entendre. »

On nous pardonnera d'être sorti légèrement de notre cadre pour appeler l'attention sur cette haute curiosité et sur l'auteur famélique, vraisemblablement originaire de Gascogne et dont le nom est resté inconnu de tous les biographes.

Nous souhaitons que les érudits du Sud-Ouest, il en est de première marque, puissent nous apprendre quelque chose de plus sur Arnaud de Avedelis, surnommé Sonis, de l'institut des Carmes, admis dans les ordres sacrés, par Jean de la Marre, évêque de Condom, et client des Lauzun et des Pardaillan.

Il résulte bien de la souscription finale qu'Antoine Blanchard était à ce moment associé à Richard de la Nouaille, ainsi que le fait remarquer M. Guibert (1). Cet imprimeur, limousin de naissance, exerça plus tard à Lyon. J'ai un de ses livres dans lequel il indique à la fois son domicile et son origine :

C. Plinii secundi Novocomensis, epistolarum libri x, *panegyricus Trajano principi dictus, de viris illustribus in re militari...* Lugduni excusum preclarum hoc opus in œdibus Antonii Blanchardi lemovicensis, sumptu honesti viri Vincentii de Portonariis... 1527. In-8° (2).

AUCTORES OCTO. — Limoges, Paul Berton, 1544. In-8°.

Le titre manque. Mon exemplaire ne commence qu'au feuillet A iii.

Au verso du dernier feuillet se trouve la souscription de l'imprimeur ou colophon.

« ¶ *Felix libellorum finis (quos auctores vulgo appellant)* ∥ *a pluribus mendis correctorum et emendatorum: Impres-* ∥ *sorumque in castro Lemovicensi. per Paulum Berton prope* ∥ *sanctum Petrum de quadruvio commorantem. Anno do* ∥ *mini Millesimo quingentesimo Quadragesimo quarto.* ∥ *Die vero vigesima secunda mensis Octobris.* »

In-8°. Caractères gothiques, à longues lignes, avec lettres ornées. Douze cahiers signés de A à M, en quaternions, chacun de 8 feuillets ou 16 pages non chiffrés, excepté le cahier L qui a 10 feuillets et 20 pages. Les pages pleines ont 36 lignes, non compris le titre courant.

Production de Paul Berton signalée pour la première fois. Ci-contre le fac-similé grandeur naturelle, de la dernière page.

(1) M. Ducourtieux fait observer qu'il faut plutôt entendre qu'Antoine Blanchard *calcographus probus et humanus ... cum Richardo operans*, était le directeur de l'imprimerie de Richard de La Nouaille et non son associé. Richard de La Nouaille avait commencé par être libraire et lorsqu'il devint imprimeur, eut sans doute besoin de s'attacher un professionnel capable pour suppléer à son inexpérience... C'est une nuance qui peut être juste et dans ce cas Antoine Blanchard devrait être supprimé de la liste des maîtres imprimeurs de Limoges.

(2) Cf. *Les manuscrits et imprimés à l'Exposition de Limoges*, p. 59.

De modo punctuandi.

eadem materia sequitur. Sed est notandum q̃ si in eadem epistola diuerse scribuntur materie in fine cuiuslibet earum seruandus est periodus. Omnium horum exempla in oratione sequenti subijciuntur. Quoniam improborum indies magis inualescit nequitia: nec mireris q̃ principes fauent sceleri: hinc nihil mirum est innocentes calcari cum potentes transeant impuniti. Quis enim potest esse modus facinori languente iustitia inflagrante nequitia: in virtutis locum: sententia constituta. Non ita ambigendum est vitiosum et spectabilem virum dominium abbatem nostrum summo dolore confici.

¶ Regimen mense honorabile.
Nemo cibum papiat donec benedictio fiat
Priuetur mensa qui spreuerit hec documenta.

    Vultus hilares habeas.
    Sal cu'tello capias.
    Quid edendum sit ne petas.
    Non depositum capias.
    Rixas / murmur fugias.
    Membra recta sedeas.
    Mappam mundam teneas.
    Ne scalpatis caueas.
    Nulli partem tribuas.
    Morsus non reijcias.
    Modicum sed crebro bibas.
    Grates christo referas.

¶ Felix libellorum finis (quos auctores vulgo appellant) a pluribus mendis correctorum et emendatorum: Impressorumq̃ in castro Lemouicen. per Paulum Berton prope sanctum Petrum de quadruuio commorantem. Anno domini Millesimo quingentesimo Quadragesimo quarto. Die vero vigesima secunda mensis Octobris.

Ce recueil de poésies morales très souvent imprimé depuis les dernières années du xv° siècle, était intitulé ordinairement : *Auctores octo continentes libros, videlicet Cathonem, Facetum, Theodolum, de contemptu mundi, Florotum, Alanum de parabolis, Fabulas Esopi, Thobiam*... Notre édition reproduit, en effet, ces opuscules dans cet ordre, avec un argument de l'éditeur Foucaud Monier au commencement de chaque auteur. Ces arguments figurent déjà dans l'édition du même ouvrage imprimée à Angoulême en 1491 et qui paraît avoir servi de modèle à celles qui ont suivi dans la région (1).

A Limoges même, antérieurement à Paul Berton, les *Auctores octo* avaient été imprimés deux fois en tout ou en partie : en 1508 par Jean Berton, en 1539 par Guillaume de la Nouaille. Ces deux impressions n'ont pas été mentionnées par les bibliographes limousins. Il en sera question dans la suite.

Le premier livre connu de Paul Berton porte la date de 1518. Il faisait partie de la riche bibliothèque limousine d'Auguste Bosvieux (2). La Bibliothèque nationale possède dans sa réserve un missel du même imprimeur, de l'année

(1) C'est probablement le premier livre imprimé à Angoulême, M. Léopold Delisle en a donné la description dans les *Instructions* déjà citées. D'après une découverte ultérieure, cette impression est due à Pierre Alain et André Cauvin qui introduisirent la typographie à Angoulême. André Cauvin ou Chauvin faisait aussi imprimer des ouvrages à Limoges (un bréviaire et un missel d'Angoulême par Claude Garnier) ainsi qu'il résulte d'un acte très intéressant découvert et publié par M. Guibert. *Les premiers imprimeurs de Limoges*, p. 25. — Pour les éditions des *Auctores octo*, antérieures à 1491, voir Brunet, *Manuel du libraire*.

(2) *Augustini Dathi Senensis opusculum in Elegantiarum precepta*... *Venales habentur Lemovicis in domo Pauli Berton e regione divi Petri*. — [Et à la fin :] ... *Lemovicis impressum in officina Pauli Berton, in eadem urbe (apud quadruvium sancti Petri) moram habentis, anno Domini 1518*... Petit in-4° gothique. — N° 402 du catalogue dressé pour la vente aux enchères faite par les soins de M Claudin en 1887. Ce volume a été vendu 231 fr. — L'ouvrage est un extrait des Œuvres d'Augustin Dati, professeur, né à Sienne (Italie), imprimées pour la première fois dans cette ville en 1504.

1538 (1). Les livres existants de Paul Berton se plaçaient jusqu'à présent entre ces dates extrêmes. Nadaud a bien signalé un bréviaire de Limoges que Paul Berton aurait achevé d'imprimer le 17 août 1540 et réimprimé avec corrections un peu plus tard (2). L'assertion de Nadaud peut être exacte, mais il ne reste plus d'autre trace de l'une ou l'autre édition. Les *Annales de la Haute-Vienne* (année 1812, n° 7) attribuent au même imprimeur, sous la date de 1542, une Syntaxe de Despautère. Cette attribution est considérée comme douteuse par M. Guibert (3), en tout cas le livre a aussi complètement disparu. Notre volume prolonge d'une manière positive l'exercice de Paul Berton à Limoges jusqu'à la fin de l'année 1544.

Il est plus que vraisemblable que Paul Berton était fils de Jean Berton, le proto-typographe de Limoges, qui imprima dans cette ville, en 1495, v. s., un *Breviarum secundum usum ecclesie lemovicensis*, le plus ancien des incunables limousins. En tout cas Paul fut à un titre quelconque le successeur de Jean dans son imprimerie, puisque le même domicile est indiqué sur les productions de l'un et de l'autre. Ils exerçaient leur industrie près l'église Saint-Pierre-du-Queyroix, *prope sanctum Petrum de quadruvio*. M. Guibert a fait de fructueuses recherches pour établir la filiation des Berton et déterminer l'emplacement de leur maison dans la ville de Limoges. Ces

---

(1) *Missale eximium secundum usum Lemovicensis ecclesie accuratissime recognitum : et permultis missis insertis illustratum : nuperrime tamen auctum percelebri intemerate virginis Marie presentationis officio : ac etiam divi Sebastiani martyris : et beate Barbare virginis solemnibus officiis : omni prorsus ablata indagine.* ¶ *Multa alia insuper emuncta sunt hic compilat aque accuratius lector legendo componet : sub characterum perspicuo discrimine.* M. CCCC. XXXVIII. [Armes de l'évêque Jean de Langeac] *Venale habetur in edibus Pauli Berton, in vico Foris*. — In-4° gothique à deux colonnes. Encadrements et figures. Bibl. nat. Réserve, D, 27 917. Ce volume est décrit dans le *Bulletin mensuel* de la Bibliothèque nationale, annexe de 1886. Le titre n'ayant été donné que par extrait, je le transcris ici en son entier.

(2) *Le Limousin historique*, p. 81. Mémoire de Nadaud sur les bréviaires de Limoges.

(3) *Les premiers imprimeurs de Limoges*, p. 41.

deux points s'éclairent l'un par l'autre. Il en résulte que l'immeuble patrimonial qui a appartenu successivement à Jean, à Paul et à Barthélemy Berton, fils de Paul, tous trois imprimeurs, était situé rue Fourie, à trente mètres environ de la place Saint-Pierre (1). La maison et l'industrie s'étaient évidemment transmises héréditairement. Voici qui fortifiera cette opinion.

Jusqu'ici les bibliographes limousins ne mentionnaient pas d'ouvrage de Jean Berton postérieur à l'an 1505. *(Missale ad usum lemovicensis ecclesie... op. Iohannis Berton, commorantis prope sanctum Petrum de quadruvio apud. Lem. an. dni.* M. CCCCC. V. *Die* XX *junii.)* (2). Le premier livre connu de Paul Berton étant de 1518, il existait ainsi un intervalle de 13 ans entre ces deux productions. La succession directe et immédiate de Paul à Jean ne se trouvait pas nettement démontrée, comme elle va l'être.

Il faut d'abord ajouter à l'actif de Jean Berton une impression de 1508. L'*Histoire littéraire de la France*, à l'article de Jean de Garlande (t. VII, p. 94), rapporte que le *Floretus*, poème attribué à cet auteur, fut imprimé à Limoges, chez Jean Breton (lire Berton) en 1508, avec la *Tobiade*, de Mathieu de Vendôme, en un volume in-4°. C'est une édition partielle des *Auctores octo*. Ce renseignement mérite toute confiance. J'ai fait remarquer ailleurs que la première série de l'*Histoire littéraire de la France* est particulièrement riche et exacte en

---

(1) *Les premiers imprimeurs de Limoges*, p. 12. Il y a dissentiment entre M. Guibert et M. Ducourtieux, sur l'emplacement exact de cette maison de la rue Fourie. D'après M. Ducourtieux elle était plus rapprochée de la place Saint-Pierre et, pour ainsi dire, à l'amorce de la rue Fourie sur cette place. C'était la première ou la deuxième maison de la rue Fourie à droite, lorsqu'on tourne le dos à l'église Saint-Pierre. V. le *Bibliophile limousin*, année 1894, p. 83, article sur l'opuscule de M. Guibert. — En même temps que Paul Berton, il y avait à Limoges un autre imprimeur du même nom, Martin Berton, qui imprima en 1520, en société avec Claude Garnier, un *Breviarium celebris monasterii S. Marcialis*. On ne sait rien autre chose de lui. Il était évidemment de la même famille.

(2) MM. Poyet, Guibert et Ducourtieux ne citent que trois ouvrages de Jean Berton, le Bréviaire de 1495, un Missel de 1500 et le Missel de 1505.

ce qui concerne le Limousin, parce que cette belle œuvre fut composée jusqu'au XI° tome par quatre religieux originaires du diocèse de Limoges : Dom Rivet, Dom Duclou, Dom Poncet et Dom Colomb (1).

Mais Jean Berton continua d'imprimer après 1508 et j'ai la bonne fortune de faire connaître que M. Claudin vient de découvrir un Missel de Limoges sorti des presses de Jean Berton en 1516. Ce savant bibliophile, doublé d'un infatigable chercheur, a bien voulu me communiquer les fac-similé de la page de titre de cet ouvrage, ainsi que de la souscription finale, en m'autorisant à déflorer sa découverte. Je le remercie de son obligeance et j'en profite :

Missale ad vsum Lemovicensis ecclesie per- ‖ optime ordinatum et de novo correctum cum missis ‖ novissime positis. Et primo. ‖ ☞ Missa sancti Bonaventure in suo loco. ‖ De nomine Jesu... Folio cxcviii...

[Suit la nomenclature des messes avec l'indication des folios où elles se trouvent].

☞ *Uenales habentur Lemovicis in domo Iohan- ‖ nis Berton, impressoris prope Santum Petrum commorantis.*

[Le colophon est inscrit au recto du dernier feuillet].

☞ *Finit missale secvnudm vsum ecclesie ‖ cathedralis beati prothomartyris ‖ et archilevite Stephani : et dyocesis ‖ Lemovicensis fideli studio reuisum ‖ Et peroptime ordinatum et completum ‖ Et plura officia votiua de nouo po- ‖ sita : correctum et emendatum per doc- ‖ tissimos viros auctoritate venera- ‖ bilis dni dni Guillermi barthonis ‖ vicarii generalis in spiritualibus et ‖ temporalibus Reuerendissimi in Xro ‖ patris et dni dni Renati de Prye ‖ tituli sancte Sabine sacro sancte Ro- ‖ mane ecclesie presbiteri Cardina- ‖ lis dei gracia Lemovicensis episcopi (2) ‖ consilioque et assensu venerabilium ‖ dominorum*

---

(1) *Histoire du collège de Tulle*, p. 18.

(2) Cette souscription permet de rectifier une erreur de l'abbé Texier, ou plutôt de Nadaud, dans la « Chronologie des évêques de Limoges ». Il est dit dans le fragment du *Pouillé* de Nadaud, publié en 1859 (86 pp. in-4°), que René de Prie ne se qualifia qu'administrateur perpétuel de l'évêché de Limoges : par suite on ne lui donne pas de rang parmi les évêques. Voici la preuve qu'il prenait le titre d'évêque de Limoges, en 1516. Il doit donc prendre sa place sur la liste de ces prélats

decani et capituli. nitide ‖ Impressum Lemouicis per Io- ‖ hannem berton impressorem. Anno in- ‖ carnacionis dni. Millesimo quingen- ‖ tesimo decimo sexto. Die vero xxvii mensis Martii.

Petit in-4º. Caractères gothiques. Ce volume est conservé à la bibliothèque de Carpentras. On lit sur la page de titre, en écriture du temps : « Marisson pbre paroisse de Sainct-Iulien de Tulle. Ma cousté led. missel xviii sols ».

Jean Berton exerçait donc en 1516 dans sa maison près Saint-Pierre-du-Queyroix et en 1518 Paul Berton mettait en vente le *Dati* dans sa maison du quartier Saint-Pierre. C'est la maison de la rue Fourie. La succession de l'un à l'autre n'est pas douteuse.

Il est vrai que Paul Berton déplaça à un moment son atelier typographique. En 1522, il imprima le Bréviaire de Bourges dans la *cité* de Limoges (1), distincte, comme on sait, du *château* où se trouvaient l'église Saint-Pierre et la rue Fourie, mais ses presses furent bientôt ramenées au quartier Saint-Pierre, ainsi qu'il résulte de ses autres ouvrages (2).

Paul Berthon embrassa, paraît-il, la religion réformée et fut poursuivi en 1551 devant le Parlement de Bordeaux pour avoir vendu, peut-être même imprimé, des ouvrages hétérodoxes. L'arrêt du 14 avril par lequel il fut condamné à l'amende a été signalé par M. Desmaze dans son livre intitulé *Curiosités des anciennes justices* (3). Paul Berton est porté comme décédé dans un acte du 16 février 1558 v. s., publié par M. Guibert (4).

---

(1) *Breviarium Bituricensis ecclesie... Impressum in Lemoo. civitate per Paulum Berton..., anno dni. 1522.*

(2) *Breviarium ad usum ecclesie monasterii Grandimontensis... Impressum Lemoo. in domo Pauli Berton, anno dni. 1525.* — Cette désignation ne peut s'appliquer qu'à la maison de la rue Fourie. Les *Auctores* sont aussi imprimés *près Saint-Pierre.*

(3) DESMAZE, *Curiosités des anciennes justices.* Paris, 1867, in-8º.

(4) Cf. *Les premiers imprimeurs de Limoges,* p. 14.

MISSALE LEMOVICENSE. — Limoges. Impression de La Nouaille. Première moitié du xvi° siècle. In-8°.

L'exemplaire ne commence qu'au feuillet signé ✠ iiij. Il manque au moins trois feuillets contenant le titre et le calendrier liturgique jusqu'au xvi des kalendes de juin (17 mai). Un ou plusieurs feuillets manquent aussi à la fin, de sorte que nous n'avons ni le titre ni la souscription de l'imprimeur.

Il n'est pas douteux toutefois que l'ouvrage ne soit un missel de l'église de Limoges. Les preuves à cet égard surabondent.

Les fêtes célébrées exclusivement dans le diocèse de Limoges sont en effet inscrites à leur date dans le calendrier et les offices afférents se trouvent dans le corps du texte. En outre on lit au commencement du Sanctoral, f° clxiiij : *Incipit sanctorale secundum usum ecclesie Lemovicensis*.

Le volume était à l'usage de M° Léonard de Boysse, prêtre desservant la chapelle des Plas (ancienne prévôté, paroisse de Saint-Clément, près Tulle). Cet ecclésiastique a mis de sa main sur le blanc de plusieurs pages la singulière inscription suivante : « Ce presant livre missel me appartien qui suis nommé par mon bon non Léonard de Boysse bon conpanion, mes quy le trovera a son metre le randra en paiant le vin le jour de scainct Bartelemy duquel nous fesons feste et bevons la plene teste. De Boysse, pbre et vicaire des Plas ». — Saint Barthélemy était le patron de la chapelle et la fête votive des Plas se célébrait le 24 août. Cette mention n'est pas datée, mais l'écriture est de la seconde moitié du xvi° siècle. Un autre desservant de la chapelle, le sieur Bordes, prêtre, a aussi tracé sa souscription sur le volume à la date du 10 décembre 1637.

Il est également certain que ce missel sort des presses de Limoges, comme il résultera des explications que nous allons fournir. En voici la description :

In-8° carré de 208 millim. sur 150 millim., non compris les débords de la reliure en basane pleine. Gothique, rouge et noir, à deux colonnes sauf le calendrier et les Préfaces qui sont à longues lignes. Dimension des pages, non compris le titre courant et les réclames : 173 millim. sur 122 millim. Largeur de chaque colonne 58 millim., 39 lignes à la page non compris le titre courant. Ces mesures varient pour quelques pages imprimées en plus gros caractères ou encadrées.

Premier cahier incomplet : calendrier et table des messes et offices ajoutés nouvellement à cet ouvrage, quatre feuillets, les deux premiers signés ✠ iiij, ✠ v.

Offices des dimanches et fêtes, etc., ou *Dominicale* : folio i à lxxxiiij, en cahiers de 8 feuillets signés a-l, par quaternions, sauf le dernier cahier qui n'a que 4 feuillets en duernion.

Suivent les préfaces et canon de la messe avec plain-chant noté : deux cahiers non paginés, le 1ᵉʳ, signé ℭ, a huit feuillets, le 2ᵉ, incomplet, n'a que deux feuillets. (Il devait en avoir quatre sur l'un desquels probablement une gravure à pleine page). La pagination reprend au folio lxxxv (page encadrée dont nous donnons le fac-simile légèrement réduit, jusqu'au folio ccxviij en cahiers signés m-s par quaternions, puis autre s (cahier de quatre feuillets), t-z en quaternions, plus cinq cahiers signés de caractères d'abréviation, aussi de huit feuillets, sauf le dernier qui n'en a que quatre dont un blanc.

Cette partie, du feuillet 85 au feuillet 218, se compose d'abord de la suite des offices depuis Pâques jusqu'au xxivᵉ dimanche après l'octave de la Pentecôte, des règles concernant la célébration de la messe, etc. (fᵒ lxxxv à cxliiij).

Au folio suivant qui devrait être coté cxlv, mais qui porte un chiffre doublement erroné (clxiiij suivi de cxlv), commence le Propre des saints : *Incipit sanctorale secundum usum ecclesie Lemovicensis* : Et primo de beato Stephano... Au verso du folio ccxvij : *Explicit sanctorale*.

Une seconde partie avec foliotage distinct contient le commun des apôtres et des martyrs et les messes pour les intentions particulières. Dans mon exemplaire cette partie va du folio primo au folio xxxi et comprend quatre cahiers signés A-D en quaternions, le dernier incomplet d'un feuillet,

Ces indications minutieuses ont ici leur utilité. Le missel en question est distinct de tous les missels limousins connus jusqu'à ce jour. A raison des lacunes que présente notre exemplaire nous devons, à l'aide de comparaisons et d'inductions chercher à fixer le nom de l'imprimeur et la date approximative de l'impression. Cet exemplaire est actuellement unique, à notre connaissance du moins : si un autre venait à être découvert, il serait aisé, sur notre description de reconnaître la similitude.

In die sancto pasche.
Officium.

REsurrexi & adhuc tecum sum alleluya: posuisti sup me manum tuam alleluya: mirabilis facta est scientia tua alleluya alleluya. ps. Domine probasti me & cognouisti me: tu cognouisti sessionem meam / & resurrectionem meam. Resurrexi. Gloria patri. Resurrexi. Gloria in excelsis. Oratio.

DEus qui hodierna die per vnigenitum tuum eternitatis nobis aditum deuicta morte reserasti: vota nostra que preueniendo aspiras: etiam adiuuando prosequere. Per eundem dominum nostrum Jesum.

Lectio epistole beati Pauli apostoli. Ad corinthios. i. v.

FRatres: Expurgate vetus fermentum: vt sitis noua conspersio: sicut estis azimi. Et enim pascha nostrum immolatus est Christus. Itaque epulemur: non in fermento veteri: neque in fermento malicie / & nequicie: sed in azimis sinceritatis & veritatis. R. Hec dies quam fecit dominus: exultemus & letemur in ea. V. Confitemini domino quoniam bonus: quoniam in seculum misericordia eius. Alleluya V. Pascha nostrum immolatus est Christus alleluia. V. Epulemur in azimis sinceritatis & veritatis. Alla. Prosa.

FUlgens preclara rutilat per orbem hodie dies: in qua Christi lucida mirantur ouanter prelia. De hoste superbo quem Jesus triumphauit: pulchre castra illius perimens teterrima. Infelix culpa eue qua caruimus omnes vita. Felix proles marie qua epulamur modo vna. Benedicta sit celi regina illa / generans regem spoliantem tartara pollentem: tam in ethera. Rex in eternum suscipe benignus preconia: nostra sedule tibi cantica. Patris sedes ad dexteram / victor vbique morte superata / atque triumphata / po-

Le caractère est d'un beau type, assez net, ce qui indique qu'il n'avait pas beaucoup servi avant cette impression. La plupart des pages ont des lettres ornées qui commencent les alinéas. Ces lettres sont de dimensions diverses, l'une d'elles forme un carré de 4 centimètres de côté. Sauf une seule (lettre D représentant le Christ en buste) elles offrent des sujets profanes ou même plaisants : centaure tirant de l'arc, satyre au pied de bouc soufflant dans une cornemuse, enfant dansant, jouant avec un lapin, faisant des contorsions, animaux chimériques, fleurs, etc. Le volume contient aussi de petites gravures sur bois ou vignettes, dont le sujet est emprunté au Nouveau Testament. De même dimension (45 millim. de haut sur 30 millim. de large) elles sont d'une composition naïve et assez bien gravées. Elles représentent, dans l'ordre où on les rencontre : la Nativité, la Présentation de Jésus au temple, l'Adoration des Mages, le Christ en croix, l'Annonciation, la Visitation, la Descente du Saint-Esprit ; quelques-unes figurent plusieurs fois.

J'avais d'abord pensé que mon Missel pouvait être de l'impression de Claude Garnier, qui exerça à Limoges de 1520 à 1557. Le caractère en est identiquement le même que celui du Bréviaire de saint Martial dont il est parlé à l'article Berton. M. Fray-Fournier a donné dans le *Bibliophile limousin* de février 1893 un fac-simile d'une page de ce Bréviaire avec un corps de grandes lettres gothiques et une gravure. Ces grandes lettres offrent une ressemblance frappante avec celles du Missel. L'œil est le même, 2 millim. 1/2, la lettre n prise pour type. Les majuscules A, F, I, M, C, S qui se rencontrent dans le fac-simile sont exactement semblables. Evidemment les caractères des deux ouvrages sortaient des mêmes moules. La vignette du Bréviaire qui représente saint Claude et saint Martin, patrons des deux imprimeurs Claude Garnier et Martin Berton ne figure pas dans le Missel, mais on reconnaît le même burin.

D'autre part, dans sa savante monographie : *Les origines de l'imprimerie à Auch*, M. Claudin reproduisant divers spécimens de l'impression de Claude Garnier, relève certaines lettres ornées comme caractéristiques de ses travaux. « On remarque, dit-il, dans les *Heures* d'Auch [qu'il attribue à juste titre à Claude Garnier] quelques lettres ornées sur fond noir criblé, notamment ... une lettre D avec une rose dans le fond. Ces lettres très caractéristiques font partie du matériel de Claude Garnier ». Cette lettre D se trouve deux fois dans mon Missel, f° clxx et ccxij. Ce même opuscule contient le fac-simile d'une page des Heures d'Auch. Le caractère est le même que celui du Bréviaire de saint Martial et du Missel. Enfin, ce fac-simile reproduit une vignette, la Descente du Saint-Esprit, qui est aussi dans notre Missel, f° i de la deuxième partie.

Cette vignette des *Heures* de la même dimension, semblable à l'œil nu, laisse percevoir à la loupe quelques légères différences. Elle est moins nette, moins bien gravée, le fond est blanc au lieu d'être criblé, quelques menus ornements manquent, mais ces différences pourraient provenir soit de l'usure de la vignette, soit d'une imperfection du clichage moderne.

C'étaient là de fortes présomptions qui cependant ne créaient pas en moi la certitude. Des imprimeurs divers peuvent en effet s'être approvisionné chez le même fondeur, s'être prêté l'un à l'autre quelques pièces de leur matériel. D'autres points de comparaison m'empêchaient d'asseoir définitivement mon opinion. Certaines lettres ornées de mon Missel se retrouvaient tout aussi exactement dans les ouvrages d'un autre imprimeur limousin, Guillaume de la Nouaille. Je préciserai tout à l'heure.

Il ne m'était pas possible de poursuivre par moi-même la comparaison *de visu* de mon volume avec tous les autres missels limousins conservés dans divers dépôts. D'obligeants confrères à Paris, à Limoges, ont bien voulu me prêter leur concours. C'est M. Paul Ducourtieux qui a eu la main heureuse.

Auteur de travaux estimés sur l'histoire de l'imprimerie en Limousin, ayant fait une étude spéciale, qu'il a résumée dans une publication, de toutes les richesses typographiques exposées à Limoges en 1886, ces connaissances acquises devaient le mettre promptement sur la bonne piste. A l'aide de la description détaillée que je lui ai transmise, il a constaté qu'un missel conservé à la bibliothèque communale de Limoges offrait avec le mien des points de ressemblance beaucoup plus nombreux et plus démonstratifs que les impressions de Garnier. Depuis nous avons confronté ensemble les deux volumes et ce sentiment a reçu confirmation.

Le Missel de la bibliothèque de Limoges est incomplet du titre et de quelques feuillets liminaires, mais il possède la souscription finale qui est ainsi conçue :

« ¶ *Finit missale secundum usum ecclesie cathedralis beati prothomartyris et archilevite Stephani : et diocesis Lemovicensis fideli studio revisum. Et peroptime ordinatum et completum. Et plura officia votiva de novo posita : correctum et emendatum auctoritate Reverendissimi in Christo patris. Et dni dni Johannis de Langeac dei gratia Lemovicen. episcopi : consilioque et assensu venerabilium dnorum Decani et capituli : nitide. Impressum Lemovicis per Leonardum et Guillermum de la Nouaille in arte impressoria non minime expertos. Commorantes prope scanna ante intersignium divi Rochi. Anno incarnationis dni. Millesimo quingentesimo tricesimo septimo. Die vero xxj mensis Aprilis.* »

In-8°, gothique rouge et noir à deux colonnes de 43 lignes à la page.

On voit d'abord que ce n'est pas un second exemplaire de notre Missel, lequel n'a que 39 lignes à la page et présente d'ailleurs des différences de texte et d'ordonnance de matières. Mais la physionomie générale des deux impressions est parlante et les détails similaires sont si nombreux qu'il serait fastidieux d'y insister. Nous ne relèverons que quelques-uns des plus saillants.

Missel de 1537, f° ij r°, 2° colonne ligne 5, lettre ornée P sur fond criblé avec fleurs dans la boucle et en dehors, au bas, commencement du mot *Populus*. — Mon Missel, même lettre aux mêmes folio, colonne et ligne, initiale du même mot *Populus*.

Missel de 1537 : f° xj v°, 2° col., vignette sur bois, la Nativité. — Identique dans mon Missel même place.

Missel de 1537 : f° cxxxvij *Incipit sanctorale* ... Lettre E représentant un clerc coiffé d'une calotte et tenant un livre fermé de la main droite. Initiale du mot *Etenim*. — Mon Missel, même lettre au f° cxliiij, après l'*Incipit* du Sanctoral, initiale du même mot *Etenim*.

Missel de 1537, 2° partie, f° i, *Incipit commune sanctorum*...; après ce titre vignette sur bois, la Descente du

Saint-Esprit. — Mon Missel, même vignette, 2ᵉ partie fº 1.
Les lettres ornées identiques sont nombreuses.

Il y a donc lieu de croire, jusqu'à preuve du contraire que notre Missel est de la même impression que celui de 1537. Nous disons jusqu'à preuve du contraire, car nous devons tenir compte d'une observation faite par M. Claudin, qu'il faut citer sans cesse sur une matière qu'il possède mieux que personne. Il m'écrivait récemment : « Votre missel m'intrigue beaucoup. Nous arriverons tôt ou tard à l'identifier. Il serait possible que ce soit une œuvre de la première manière de Garnier avant 1530, mais ce peut être aussi bien un Berton ou un de la Nouaille. Il est à coup sûr imprimé à Limoges, car je ne connais aucun exemple de missels limousins imprimés ailleurs que dans cette ville. L'étude approfondie que je fais à mes moments perdus des premières impressions limousines, m'a amené à conclure que les premiers imprimeurs limousins se sont copiés pour leurs bois et leurs caractères comme de véritables contrefacteurs. Il est très difficile parfois de les distinguer l'un de l'autre. Ils se sont copiés dans leurs lettres ornées et historiées, dans leurs gravures, au point que j'ai cru dans le principe qu'ils se prêtaient à tour de rôle leur matériel. J'ai fini à force d'observations, par reconnaître les différences, elles sont parfois presqu'imperceptibles à l'œil nu comme les remarques d'une gravure dans ses différents états. »

Nous pouvons pourtant ajouter d'autres présomptions qui fortifient notre attribution. On ne connaît qu'un seul livre imprimé par Léonard et Guillaume de la Nouaille associés. C'est le missel de 1537. Bientôt après, dès 1539, Guillaume imprimait seul. On a de lui d'assez nombreux ouvrages de 1539 à 1558 (ou 1559).

Léonard et Guillaume étaient frères. L'association rompue, probablement par la mort de Léonard, Guillaume devint seul propriétaire du matériel et de l'imprimerie qui resta au même endroit où Richard de la Nouaille l'avait établie dès 1509 (ou plus tôt), *prope scanna*, près des Bancs. Nous allons décrire tout à l'heure quelques volumes de la façon de Guillaume de la Nouaille : ils sont en lettres romaines ou italiques et conséquemment n'ont aucune similitude avec l'impression de notre Missel, mais dans ces volumes on retrouve des lettres ornées déjà employées dans mon Missel. Ainsi d'une lettre B qui

 représente un homme jambes nues, coiffé d'un bonnet à pointes, à droite, ayant l'air de marcher en traînant la lettre à l'aide de ses bras, d'une lettre E représentant un homme coiffé d'un bonnet pointu, un genou par terre, etc., etc. (*Galen*, de 1548; *Dion Chrysostôme*, de 1557).

J'ai parlé d'une très belle lettre ornée, au trait, de 4 centimètres de côté, qui se trouve au commencement des Préfaces dans mon Missel. C'est la lettre P : elle représente un centaure tirant de l'arc. Quatre autres lettres de ce même alphabet fort intéressant et qu'il serait très désirable de reconstituer en entier, se remarquent dans des ouvrages de Guillaume de La Nouaille, dont il sera question plus loin : lettre N représentant l'Annonciation (*Ferron*, de 1546); lettre L représentant sainte Cécile assise jouant du violon ; lettre H représentant des musiciens ; lettre S représentant des hommes nus (*Dion Chrysostôme*, de 1557).

Sur la question de savoir si mon Missel est des deux frères associés ou de Guillaume seul, il me paraît impossible en l'état de se faire une opinion définitive. Les caractères gothiques ont été employés très avant dans le xvie siècle pour les livres purement liturgiques et quoique Guillaume ait imprimé en lettres rondes à partir de 1546 (et peut-être plus tôt), mon Missel pourrait être postérieur à cette date. Le Grand Séminaire de Limoges possède un Bréviaire gothique du même imprimeur daté du 1er février 1550 v. s. Même embarras pour décider si mon Missel est antérieur ou postérieur à celui de 1537. M. Paul Ducourtieux le croirait volontiers postérieur parce qu'il lui semble contenir plus de matières. Il est en effet plus étendu au point de vue du nombre des pages, mais il est d'une impression moins compacte. Un « collationnement » plus minutieux que celui que nous avons fait pourrait seul établir que mon Missel présente un texte plus complet. Et encore, il ne s'en suivrait peut-être pas que c'est une édition corrigée et augmentée du Missel de 1537.

Voici la récapitulation des missels de Limoges connus à ce jour avec leur date : 1500, Jean Berton ; 1505, le même ; 1516, le même ; 1525, Garnier (d'après Nadaud) ; 1527, Paul

Berton; 1537, Léonard et Guillaume de la Nouaille; 1538, Paul Berton; 1553, Garnier.

On n'a pas de missel pour les intervalles de 1516 à 1525, de 1527 à 1537, de 1538 à 1553. Il est peu vraisemblable qu'un espace de dix ans et plus se soit écoulé sans qu'une nouvelle édition du missel ait été donnée. Chaque évêque occupant le siège pendant quelques années, tenait à cœur, ordinairement, de laisser cette trace de son administration. Notre Missel doit se placer dans un de ces intervalles. Sa physionomie archaïque, et la qualité du papier ne permettent guère de le placer après 1550.

Je me borne donc à dire que ce volume est de l'impression des La Nouaille, peut-être des frères associés, plus probablement de Guillaume seul, et qu'il doit avoir vu le jour aux environs de 1550.

Faut-il même ajouter à ces réserves ? Les caractères gothiques de mon Missel se retrouvent, identiques, dans la *Grammaire* de Perroti (partie des règles). Les capitales, très caractéristiques, sont semblables. A ce point de vue une attribution à Richard de la Nouaille lui-même pourrait être mise en avant. Il est naturel que le père et les fils aient usé successivement du même matériel. Mais comme il ne se trouve dans la *Grammaire* aucune des lettres ornées du Missel (la *Grammaire* ne contient que quatre lettres ornées) la balance penche du côté des fils et il n'y a pas lieu d'insister sur cette similitude.

ARNOLD FERRON. — *Appendice au commentaire sur les coutumes de Bordeaux.* — Limoges, Guillaume de la Nouaille, 1546, in-4°.

Appendix ‖ Ad ‖ Commentarios ‖ In ‖ Consuetudines ‖ Burdigalensium, ‖ Auctore ‖ Arnoldo Ferrono Regio Consiliario. ‖ Lemovicis, apud Guilhelmum Novalium, 1546.

Au-dessous du titre, grande marque de Guillaume de La Nouaille avec ses initiales G D L N et sa devise en latin : *Sic virtus oppressa resurgit.*

In-4°. Lettres rondes. 1ᵉʳ cahier signé a, de quatre feuillets; 2ᵉ cahier signé A, de six feuillets; 3ᵉ cahier signé B, de quatre feuillets ; ces feuillets pour le titre, la dédicace et la table ne sont pas numérotés. Suivent 19 cahiers de quatre feuillets signés a-t, formant soixante-seize feuillets chiffrés 1-76.

Ce livre est connu mais n'avait pas été décrit. Auguste Bosvieux en possédait un exemplaire, dans lequel l'*Appendix* était relié avec le commentaire lui-même : *Arnoldi Ferroni Burdigalensis, regii consiliarii, in consuetudines Burdigalensium libri II. Lugduni apud Seb. Gryphium 1540.*

Au verso du titre on lit une épitre en assez bon latin de Guillaume de la Nouaille à Arnold Ferron.

Notre exemplaire porte sur la page de titre cette inscription : *Emi Agenhii 3 Id. octobris 1552, 3 s. 4 d. tourn. F. de Cahusieres.*

GALIEN — HERVÉ FAYARD. — *Sur la faculté des simples.* — Limoges, Guillaume de la Nouaille, 1548. In-8°.

Ci-contre la reproduction exacte de la page de titre de ce volume (1).

In-8°. Caractères romains. 26 cahiers signés A-Z, AA-DD, en quaternions de huit feuillets, seize pages, sans chiffres. Au verso du 5° feuillet le portrait gravé d'Hervé Fayard, dont nous donnons, page 30, le fac-simile.

Très curieux ouvrage. Le style dont le titre donne un spécimen a fait dire à un très expert bibliophile : « On croit que Rabelais avait en vue de ridiculiser Fayard et son galimatias de français latinisé dans l'apothicaire limousin. Voy. *le Rabelais*, édit. Variorum ». — Je n'ai pas *le Rabelais* Variorum sous la main et je suppose qu'il faut lire : *l'écolier limousin*, mais si Eloi Johanneau et consorts ont émis ce jugement, ils ont ajouté cet anachronisme aux autres erreurs relevées dans leur édition. Hervé Fayard ne peut être le prototype de l'*Ecolier limousin* parce que son unique ouvrage n'a paru qu'en 1548 et que le 1ᵉʳ livre de *Pantagruel* où se trouve la boutade contre la « verbocination latiale » avait vu le jour dès 1532 ou au plus tard en 1533 (2).

---

(1) L'ouvrage est signalé dans le *Manuel du libraire*, Supplément, par P. Deschamps et G. Brunet.

(2) La question de savoir si Rabelais a voulu railler un personnage déterminé paraît insoluble. Etienne Pasquier (*Œuvres*, t. II, p. 46) est le premier qui ait voulu dire le mot de cette énigme. Il a prétendu que l'Ecolier limousin n'était autre que dame Hélisenne de Crenne, l'auteur des *Angoysses douloureuses qui procèdent d'amours*. Mais la même objection se produit. Le premier ouvrage de dame Hélisenne est de 1538. Puis, dame Hélisenne de Crenne

GALEN SVR
LA FACVLTE DEZ SIMPLES

medicamans auec l'addiction de Fucfe ên son herbier, de Siluius, & de plusieurs, autres Declayree l'analogie, & potissime sinnifie si plusieurs ên a le simple. Et quels par affinité de facultez sont antiballomenes c'est a dire surrogeables que l'on appelle quid pro quo. Le tout mis ên langage françoys par studieux home mayftre ERVE FAyARD natif de Perigueux.

PRESSEE VERTV SE RENFORCE.

A Limoges.

Cheux Guilhaume de la Noalhe.

1 5 4 8.

Auec priuilege du Roy.

D'Ervé Fayard Perigordin
C'est au vif du corps le protrayct,
D'icellui l'interieur engin
Monstrent les œuvres qu'il à fayct.

De même que le style, l'orthographe de Fayard a sa singularité. Il en expose les principes dans un avertissement au lecteur. Ce n'est pas un système complet, mais quelques réformes qu'il préconise. Il donne en même temps des règles pour la prononciation et essaye de la figurer dans certains cas par un nouveau genre d'accentuation. Il proscrit la forme ph « car nostre f suffit et n'escrivons en grecques lettres ains en françoyses ». Il restreint l'usage de « y virgulé, erronéement appellé grec car nulle lettre greque a tele forme ». Il ne l'emploie que pour les diphtongues comme dans soye, boys..., « et boys prononceras comme si estoet escript boes n'en faisant que une syllabe ». Il pratique l'apostrophe, l'accent aigu sur l'é qui se nomme alors e virgulé, le c avec cédille nommé c coué. Lorsque la voyelle e doit être prononcée a, comme dans entendre, il le marque par un accent circonflexe sur l'ê, êntêndre...

Le texte de l'ouvrage et les commentaires sur Galien sont encore ce que Fayard nous offre de plus curieux. On n'imagine pas les vertus que la médecine du XVIe siècle attribuait aux simples. Par exemple, un emplâtre de châtaignes pilées avec du miel et du sel guérissait alors de la rage (liv. 8, § 122).

Ce volume est extrêmement rare, mais il en existe au moins deux exemplaires, celui qui a servi à ma description et un autre annoncé dans le catalogue de M. Claudin, n° 88,659.

DION CHRYSOSTOME. — ARNOLD FERRON. — *Discours.* Limoges, Guillaume de la Nouaille, 1557. Petit in-8°.

Dionis Chry ‖ sostomi Prusaensis ‖ Orationes quinque ‖ De lege, ‖ Consuetudine, ‖ Fortuna tres. ‖ Interprete Arnoldo

a-t-elle existé ou n'est-ce qu'un pseudonyme qui cachait un auteur limousin ? La première opinion a ses adeptes (V. la *Biblioth. franç.* de Goujet, la Biographie Michaud et le *Manuel* de Brunet, t. II, col. 415). D'autres croient à la supercherie et quelques-uns nomment l'auteur limousin qui se serait déguisé sous ce nom féminin. Ce serait l'illustre Jean Dorat. (V. le *Rabelais*, édit. Variorum, t. III, p. 148 et un article de M. Guichard, dans la *Revue du XIXe siècle*, 2 août 1840). La supposition n'est pas plus fondée. Dorat n'avait encore rien publié en 1533. Il ne fixa que plus tard sa résidence à Paris. Rabelais a raillé un travers de l'éducation de son temps, sans en être lui-même complètement affranchi.

— 32 —

Ferro- ∥ no Burdigalensi Regio ∥ consiliario ad Lancilotum Mosnerium Fau- ∥ guerolum, Regium præsidem Bur ∥ digalensem. — Apud Lemovices, E typographia Gulielmi Nouaïli. M. D. LVII.

Même marque que sur le *Galen*, sans devise.

Pet. in-8°. Caractères italiques. 9 cahiers de 8 feuillets signés A-I, ou 144 pages numérotées 1-140, plus 3 pages d'errata et la dernière page blanche. — On y retrouve les belles lettres ornées de 0,04 cent. au carré signalées dans mon Missel.

L'ouvrage contient beaucoup d'autres traités non indiqués dans le titre, entre autres: *Ex arriani Epicteto ad Academicos... Dionis de laudibus comæ... Dionis in Homerum... Maximi Tyrii Vtrum recte Plato de civitate sua expulerit Homerum, etc.*

Ce volume n'a pas été mentionné par les bibliographes.

Je signale en terminant une autre production de Guillaume de la Nouaille qui a aussi échappé à leurs recherches:

Auctores octo continen ∥ tes: videlicet Cathonem ∥ Face- ∥ tum ∥ Theodolum ∥ De con ∥ temptu mundi ∥ Floretum ∥ Alanum de parabolis ∥ fabulas Esopi ∥ Thobiam. ∥ Venales habentur Lemovicis in edibus Guillermi de la Nouaille prope scanna commorantis. (s. d. 1539).

In-8° carré, gothique, 111 feuillets et 1 blanc, non chiffrés, signés A-O par 8.

Vente des livres de Léon Techener, catalogue de 1886, n° 238.

Je n'ai pas vu ce volume, mais la description émanée de Léon Techener lui-même, libraire expert et bibliophile passionné, doit inspirer confiance, même en ce qui concerne la date, qui était sans doute inscrite ailleurs que sur le titre.

Après ces primitifs, il y a d'autres curiosités et raretés de l'impression limousine. Les premiers Barbou ne sont point indignes d'attention. Notre confrère, M. Paul Ducourtieux, a entrepris sur un large plan la monographie de cette célèbre famille d'imprimeurs. Je dois lui réserver le soin de décrire quelques précieux volumes de leur façon qui me sont parvenus.

www.ingramcontent.com/pod-product-compliance
Lightning Source LLC
Chambersburg PA
CBHW060722050426
42451CB00010B/1576